coleção ● ◗ primeiros
106 ◐ ◗ ◐ ◗ passos

Juan Alfredo César Müller
Léa Maria Pileggi Müller

O QUE É
ASTROLOGIA

editora brasiliense

Copyright © by Juan A. César Müller e Léa M. P. Müller
Nenhuma parte desta publicação pode ser gravada,
armazenada em sistemas eletrônicos, fotocopiada,
reproduzida por meios mecânicos ou outros quaisquer sem
autorização prévia da editora.

3ª edição, 1985
1ª reimpressão, 2001

Revisão: José W. S. Moraes
Capa: Carlos Matuck

Dados Internacionais de Catalogação na Publicação (CIP)
(Câmara Brasileira do Livro, SP, Brasil)

Müller, Juan Alfred César
    O que é astrologia / Juan Alfredo César Müller,
Léa Maria Pileggi Müller. -- São Paulo :
Brasiliense, 2002. -- (Coleção primeiros passos ; 106)

    1ª reimpr. da 3.ed. de 1985.
    ISBN 85-11-01106-4

    1. Astrologia I. Müller, Léa Maria Pileggi.
II. Título. III. Série.

02-0079	CDD - 133.5

Índices para catálogo sistemático:
1. Astrologia   133.5

editora brasiliense
Rua Airi,22 - Tatuapé - CEP 03310-010 - São Paulo - SP
Fone/Fax: (0xx11)6198.1488
E-mail: brasilienseedit@uol.com.br
www.editorabrasiliense.com.br
livraria brasiliense
Rua Emília Marengo,216 - Tatuapé
CEP 03336-000 - São Paulo - SP - Fone/Fax (0xx11)6671.2016

ÍNDICE

- Introdução 7
- Histórico 9
- O que é Astrologia? 16
- Visão astronômica e visão astrológica do nosso universo 18
- Os planetas 23
- O zodíaco 28
- O ascendente 41
- As casas do zodíaco 48
- Signos, planetas e angulação 50
- Interpretando um tema 56
- Prevendo o futuro 59
- A astrologia na definição das escolhas 63
- Quando começará a Era de Aquário? 65
- Breve epílogo 67

INTRODUÇÃO

Por que acredito na Astrologia?

Esta pergunta ·antecede ao próprio título; o que é Astrologia? Ela foi novamente conduzida, em função das mudanças culturais, ao seio do mundo acadêmico.

Em 1979, ministrei na Pontifícia Universidade Católica um curso introdutório à Astrologia. Essa curta experiência, entre nós, conferiu à matéria um cunho de seriedade, como tem acontecido em muitos outros países, concomitantemente.

O acreditar nela, porém, significa previamente conhecê-la. Eu, também, achava ridículo e incompreensível se "perder tempo" com Astrologia. Porém deixei de ser um detrator quando compreendi o seu alcance, quando notei que a maioria dos homens cultos, atuais e do passado, a conhecem e a conheceram.

Já que para acreditar é necessário conhecer, vamos estudá-la, brevemente, e no final deste trabalho, amigo leitor, você também vai acreditar na Astrologia.

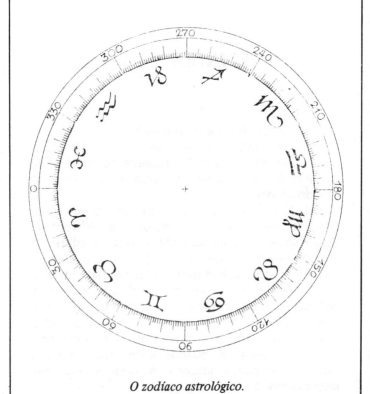

O zodíaco astrológico.

HISTÓRICO

A Astrologia é a linguagem científica mais antiga da humanidade. Nascida há mais de 3000 anos, provavelmente na Babilônia, influenciou o pensamento de todas as culturas, cujos pictogramas ainda permanecem intactos.

A fundamentação da Astrologia teria sua origem em Hermes, figura mítica de um sábio da antiguidade, que ensinou: tudo que acontece em cima (no céu) se repete embaixo (na terra).

Em todas as épocas tem-se notícias de astrólogos que se destacaram. No antigo Egito, Ramsés II, possivelmente de 1301-1235 a.C., faraó, que governou durante 67 anos, homem de imensa coragem e cultura, estudioso de Astrologia, supõe-se que foi o responsável pela determinação dos signos cardeais — Áries, Libra, Câncer e Capricórnio. Foi o fundador da maior e mais famosa das bibliotecas egípcias. Nasceu, também, no Egito a divisão do signo em três decanatos e com uma estrela fixa governando-o. Era o que se chamava horoscopia, e se utilizava para medir o tempo entre o povo.

Os egípcios deixaram provas suficientes dos seus conhecimentos em Astrologia. O calendário egípcio já era de 12 meses de 30 dias e 5 dias suplementares.

Na Mesopotâmia foi previsto, em 747 a.C., um eclipse do sol, depois confirmado.

Todo esse conhecimento passou para os gregos, que também ficaram astrólogos, dando origem à Mitologia-Astrologia.

A Astrologia na Caldéia (Mesopotâmia), de acordo com o que sabemos hoje, não era como a grega, baseada na observação e no cálculo, mas de órbita fixa, isto é, cada planeta se movendo com a mesma velocidade relativa.

Os gregos introduziram o uso da geometria na Astrologia usando o astrolábio, que era um instrumento utilizado para o cálculo das altitudes dos corpos celestes.

O primeiro livro astrológico moderno, o Tetrabiblos, é atribuído a Ptolomeu, nascido na Alexandria. Seus trabalhos datam do período entre 150 e 180 d.C. Um dos maiores intelectuais de sua época, Ptolomeu, grande astrônomo, matemático e geógrafo, estabeleceu os princípios da influência cósmica que constituem as bases da

O que é Astrologia **11**

moderna Astrologia. Sob a influência grega e de Ptolomeu, os planetas, casas, signos do zodíaco foram racionalizados e tiveram suas funções determinadas, de uma maneira que chegou até nós.

Com os anos os romanos foram lentamente abandonando o método de predição do futuro com os "Augúrios" e foram adaptando-se à Astrologia.

Na época de Tibério Augusto, a Astrologia teve seu ponto alto com o grande astrólogo Nigilius Figulus. A posição de que a Astrologia gozou em Roma foi refletida nos escritos de Juvenal em 100 d.C. que se referiu aos astrólogos como "horda de caldeus" e registrou que "há pessoas que não aparecem em público, não jantam ou se banham sem antes consultar as efemérides". Na Roma Imperial, os astrólogos estiveram sujeitos aos caprichos do imperador do momento; enquanto com Tibério foi exaltada, foi banida por Cláudio, que preferiu os augúrios.

Com o advento do Catolicismo, em relação a Astrologia houve sempre uma posição ambígua. De um lado o clero não podia negá-la, porque fazia parte evidente do acervo cultural que tinha recebido; de outro lado, vários Concílios a condenaram, a desaconselharam ou a proibiram. O que nem sempre foi observado, pois vários papas adotaram as práticas astrológicas.

Sisto IV (1414-1484), foi o primeiro papa, ao que sabemos, a fazer e interpretar um horóscopo. O Papa Júlio II, sabe-se que consultou um astrólogo para ajudá-lo a escolher o dia mais favorável para a sua coroação. O sucessor de Júlio II, Leão X, mantinha na corte papal um grupo de astrólogos para aconselhá-lo no seu pontificado. São Tomás de Aquino foi um dos maiores defensores da Astrologia na Idade Média. Eu mesmo recebi uma introdução à interpretação astrológica, pelo bispo da Groenlândia, bibliotecário do Vaticano, Cardeal Tisserand, nos anos 40.

O exemplo dado pelos papas foi seguido em várias cortes da Europa. Na Inglaterra a rainha Elizabeth I aconselhava-se com o famoso John Dee (1527-1608), que antes tinha sido perseguido e preso no reinado da rainha Mary, por ter comentado o horóscopo desta com Elizabeth, que estava em semicativeiro. Quando Elizabeth, em 1558, se tornou rainha, Dee foi chamado novamente à corte onde continuou gozando de grande prestígio. Os seus cálculos astrológicos tiveram uma influência profunda na política européia do século XVI.

Na corte francesa temos a grande influência de Nostradamus (1503-1566), que previu a morte de Henrique II, quatro anos antes. Essa previsão o tornou impopular, chegando ele a ser acusado de bruxaria. Catarina de Médicis, viúva do rei, porém, continuou a protegê-lo, até sua morte. Lembro também de Morin, astrólogo pessoal de Richelieu.

Podemos citar astrônomos como Copérnico e Galileu, que se dedicavam à Astrologia. Estes foram perseguidos pela Inquisição devido à teoria do heliocentrismo. A Igreja tolerava as formas simbólicas e proféticas da Astrologia, mas sentia-se ameaçada pela nova onda dos pensadores astrônomos.

Na Dinamarca temos o grande Tycho Brahe, que fez algumas observações sobre as posições dos planetas, principalmente Marte. Mais tarde se tornou matemático na Boêmia, na corte do Sacro Império, sob Rodolfo II, e foi chamado de "alquimista", tendo como discípulo Johannes Kepler. Posteriormente podemos citar Newton, Laplace, Leibnitz, Einstein, como matemáticos e conhecedores da Astrologia.

Homens como Copérnico, Kepler, Newton, que pelas posições racionalistas foram tidos como responsáveis pelo declínio da Astrologia no século XIX, estavam mais do que quaisquer outros sintonizados com o pensamento e o potencial da moderna Astrologia.

Foi mais prejudicial à Astrologia a destruição da cultura humanística pelas doutrinas positivistas de Comte, do que a Inquisição, sem deixar de lembrar que, por muitos anos, o mero fato de a pessoa possuir um elemento que fosse de uso astrológico era motivo para ser levado à fogueira.

A Astrologia trazia do passado uma tradição não revisada e autoritária, e as teorias racionalistas deixavam-na sem base científica para a cultura da época. Como conseqüência do raciocínio positivista, nasceu a Psicanálise.

O Positivismo era uma escola filosófica com caráter social. A Psicanálise adotou as doutrinas positivistas e as colocou no campo da introspecção e clínica, originando as novas escolas.

No advento das novas teorias psicológicas, a Astrologia achou sua grande aliada. A ênfase jornalística, de outro lado, disseminando o conhecimento astropsicológico, foi reforçando-o, dando origem a autores da importância de Kraft, na Alemanha; Barbault, na França; Charles Carter, Raphael, na Inglaterra; Evangeline Adams, Dane Rudhyar, Stephen Arroyo, nos Estados Unidos. A Astrologia, se de um lado se beneficiou com os conhecimentos da moderna Psicologia, foi também muito favorecida com a computação e a miniaturização. Repentinamente, todos os complicados e trabalhosos cálculos não são mais necessários. Têm-se as calculadoras e os minicomputadores, e tudo o mais que fez da Astrologia uma arte e ciência, ao alcance de quem quiser.

Hoje é freqüente encontrar jovens universitários que sabem em que signo está o seu Sol, como também o seu ascendente.

No Brasil encontramos grandes inovadores na área da Astrologia, como Lorenz com a Livraria e Editora O Pensamento; Prof. Jubal; Antonio Facciolo, que fundou em São Paulo a primeira Sociedade Astrológica; e no Rio de Janeiro, Maria Eugenia de Castro, presidente e fundadora da

S.A.R.J. (Sociedade de Astrologia do Rio de Janeiro). Em Porto Alegre não podemos esquecer o importante trabalho de Emy de Mascheville.

Em São Paulo temos a Revista *Planeta*, que é uma importante divulgadora do conhecimento astrológico.

O assunto Astrologia compõe uma vastíssima bibliografia. Basta dizer que a livraria especializada Mason's, de Nova Iorque, tem à venda nada menos que 10 000 autores que tratam do tema.

A simbiose da Psicologia com a Astrologia foi, naturalmente, uma concomitância histórica, porém o fato de Carl G. Jung, tão importante na medicina, ser também paranormal e astrólogo parece que muito contribuiu para desenvolver a tese do pensamento moderno: analógico.

O QUE É ASTROLOGIA?

O termo Astrologia significa conhecimento dos astros. A sua primeira finalidade é prospectiva, sendo considerada também como arte sagrada, pois trata dos fatos do destino, interpretando emoções.

A técnica astrológica é simples. Ao conhecer e aceitar os seus mecanismos, você também poderá se tornar um astrólogo, nas horas vagas.

Ao ser confrontada com os padrões atuais do conhecimento, a estrutura de interpretação da Astrologia é irracional. Ela tem como base 12 partes fixas (o zodíaco) e como variável o transcurso do tempo, medido pelos trânsitos do Sol e da Lua. Se observarmos o nosso relógio, analógico, veremos que a sua relação com a Astrologia não é meramente casual. A agulha grande representa a Lua, a pequena o Sol, e as horas os signos do zodíaco. Cada vez que a Lua completa uma volta no céu, o Sol muda de signo, assim como a cada volta da agulha grande no mostrador do relógio, a pequena muda de hora.

A única diferença é que no zodíaco, ao contrário do relógio, os planetas giram no sentido anti-horário, visto da terra.

O astrólogo se propõe interpretar o fato de um momento e local determinados, colocando no papel, por intermédio de cálculos, a posição de vários corpos celestes visíveis da Terra, e dentro de vários eixos ordenadores. Esse trabalho é chamado de levantamento de um tema astrológico ou horoscopia. Esses dados podem-se referir a pessoas, países, firmas ou a um acontecimento singular, como uma viagem, um cataclismo etc.

Interpretar um horóscopo não significa afirmar, taxativamente, que tal fato irá acontecer, mas a probabilidade de que aconteça.

Em resumo: Astrologia é uma Psicologia do início das coisas.

VISÃO ASTRONÔMICA
E VISÃO ASTROLÓGICA
DO NOSSO UNIVERSO

O fato diferenciador das duas visões — a astronômica e a astrológica — é, primeiramente, o heliocentrismo astronômico *versus* geocentrismo astrológico.

Para o astrônomo o Sol desenha no céu, em um ano, o sinusóide, como é mostrado na Figura 1, que permite aos astrônomos amadores observarem as estrelas e os planetas no céu. Porém tudo isso sem um significado especial, além do fato em si.

A visão astrológica dá vida à observação estelar, porque todo movimento se refere a um efeito ou mudança emocional do próprio observador e de tudo que o rodeia.

O astrônomo não tem a capacidade de relacionar o fato com a vida na terra. Para o astrólogo é

O que é Astrologia

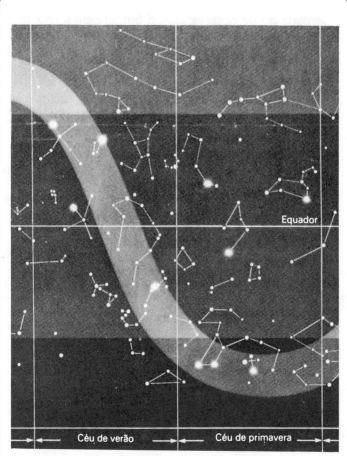

Fig. 1 — *Este é o céu que o astrônomo observa*
(Nat. History, 3:83, p. 72.)

verdade o que observa; que o Sol gira em torno da Terra e o centro desse fato é o indivíduo. Isso gera o universo da Figura 2, mas esse universo astrológico, é necessário sempre se lembrar, é um universo irracional, onde nem tudo parte da observação. Por exemplo, os pontos cardeais para a Primavera são diferentes para os hemisférios Norte e Sul, porém, na interpretação astrológica se mantêm as linhas de comportamento válidas para o Norte. Funciona muito bem na prática, e é utilizada essa conduta, sem ser possível uma explicação melhor.

Os astrólogos também utilizam as referências das estrelas, que são consideradas fixas, para seus estudos, como fazem os astrônomos. Para os astrólogos cada estrela tem um significado especial de caráter destinológico como os planetas, mas neste pequeno trabalho não iremos abordar as estrelas fixas.

O que é Astrologia 21

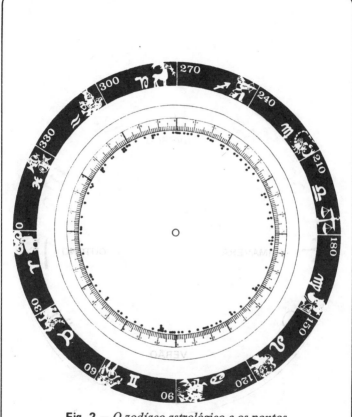

Fig. 2 — *O zodíaco astrológico e os pontos das estrelas fixas.*

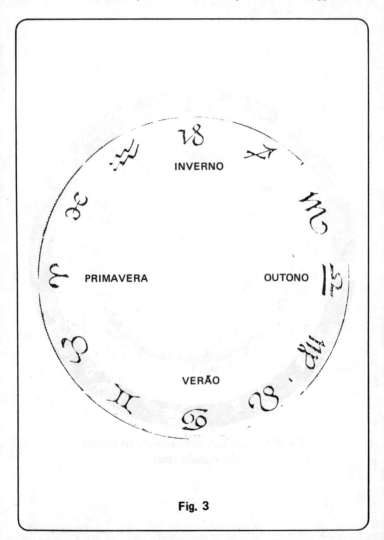

Fig. 3

OS PLANETAS

Agora vou-lhes descrever cada um dos planetas que acompanham a nossa Terra, em torno do Sol, desde que o mundo é mundo, e que são os grandes significadores astrológicos.

Mercúrio: se encontra sempre perto do Sol, nunca se afasta dele além de 26°. O seu tamanho é 0,7 se a Terra for 1,0. Sua luminosidade é reflexo da luz solar; não tem satélites; período sideral: 88 dias.

Vênus: o planeta mais próximo da Terra (exceto a Lua, é claro). Seu tamanho é 0,9 e a Terra 1,0 — quase o tamanho da Terra. É sem dúvida alguma o mais belo ponto luminoso no céu.

Vênus também está sempre perto do Sol, não se afastando dele além de 47°. Quando

Vênus antecede o Sol é chamada de "estrela da manhã" e quando fica visível após o Sol "estrela Vésper". Não tem satélites. Período sideral: 225 dias.

Terra: o nosso habitat. O seu eixo tem com a eclíptica uma inclinação de 23°30', originando as estações. Tamanho — 1,0; número de satélites — 1, a Lua. Distância Terra-Lua — 1 minuto-luz (até o Sol 17 minutos-luz). Período sideral: 365 dias.

Lua: a Lua e o Sol são "luminárias" e não planetas. É o nosso satélite; gira em torno da Terra em 28 dias, e sua velocidade varia com a sua distância do Sol. Em conjunção como se diz, ela anda 8°30' ao dia, e diariamente aumenta sua velocidade ao se afastar dele (criando os quartos ou Lua cheia) até andar aproximadamente 14°30' na Lua cheia e depois decrescendo da mesma forma.

A intersecção da Eclíptica da Lua com a da Terra origina um ponto matemático que tem um valor algo semelhante a um planeta e se chama cabeça do dragão, e o seu oposto, cauda do dragão.

Marte: o único ponto brilhante e vermelho no céu. Tem dois satélites, PHOBOS (medo) e DEIMOS (pânico). A sua velocidade de revolução sideral é de 687 dias e seu tamanho:

O que é Astrologia **25**

0,8 se a Terra for 1.

Júpiter: o maior de todo o sistema; seu tamanho: 12 vezes maior que a Terra. Sua revolução sideral (ou seja, em torno do Sol) é de 12 anos. Sua luz é azul e brilhante como Vênus. Tem 11 satélites, sendo que três mais externos andam em sentido contrário aos outros. Existiam suposições de que esses três satélites fossem artificiais. Porém, a nave espacial Surveyor se aproximou o suficiente para poder pesquisá-los. A informação é de que possuem uma estrutura rochosa, de composição basáltica.

Júpiter tem uma mancha vermelha na sua superfície, mancha que vira diferentemente do resto da massa gelada do planeta. Não existe, até hoje, uma explicação científica para esse fenômeno. Para os místicos, foi de Júpiter que saiu Vênus, e essa mancha seria a cicatriz.

Saturno: de luz amarelada, é o último planeta visível a olho nu. Seu tamanho: 10 vezes maior que a Terra; tem uma peculiaridade: sua leveza. Sua composição o faz mais leve do que água. Gira em torno do Sol em 30 anos e tem 11 satélites. O seu satélite Phebo, que é o maior, também gira no sentido leste-oeste, ou seja, tem movimento anômalo.

Saturno possui anéis concêntricos que o circundam, compostos por aglomerados de partículas, e que atuam como se fossem satélites. Esses anéis foram descobertos por Galileu, que ainda hoje é lembrado por esse fato.

O anel mais externo tem um diâmetro de 2 000 000 km e altura de 10 km. Esses anéis não são visíveis da Terra, a não ser com telescópios. Puderam ser vistos com binóculos em 1921; 1936; 1951; 1966; 1981 e 1996.

Urano: atualmente sabemos que esse planeta também tem anéis, como Saturno. Foi Herschel que confirmou, em 1781, que Urano era um planeta. Por essa razão seu símbolo é um H. Foi o primeiro detectado pelo telescópio. É leve como Saturno e tem a metade do tamanho deste. Tem cinco satélites. Sua revolução sideral é de 84 anos.

Netuno: descoberto em 1843. Como sua revolução sideral se faz em 165 anos, ainda não sabemos alguns detalhes do seu comportamento. Tem dois satélites e seu tamanho equivale ao de Urano, como também seu peso.

Plutão: possui metade do tamanho da Terra, a uma distância incomensurável do Sol: 3 675 milhões de milhas. É muito opaco, com uma órbita tão excêntrica, que, embora seja o último planeta conhecido

O que é Astrologia 27

do sistema solar, hoje está mais próximo do Sol que Netuno, e com uma revolução sideral de 248 anos.

Plutão apresenta muitos enigmas para a astronomia. Não se sabe se tem satélites e se ignora seu peso. Foi descoberto por cálculo matemático prévio, em 18 de fevereiro de 1930.

Chiron: é um planeta com 690 km de diâmetro, de estrutura rochosa, fotografado anteriormente e admitido no concerto dos planetas em 26 de maio de 1976. Faz sua revolução sideral em 53 anos, gira na região dos asteróides, onde encontramos Ceres, Hermes, Hidalgo e vários outros que possuem diâmetros inferiores a 100 km.

O ZODÍACO

Para facilitar o seu entendimento vamos apresentar o zodíaco na forma de um jogo: os planetas no céu são uma família de viajantes, cada um com sua casa própria, mas onde nem sempre são encontrados. Essas casas têm uma peculiaridade: tudo o que acontece com seu proprietário durante as viagens, também ocorre na respectiva casa. Conforme as peculiaridades do viajante (planeta) o seu efeito aparece também na casa que está visitando. Há casas onde os planetas estão bem e outras onde se sentem mal, assim como acontece conosco.

O astrólogo interpreta esse bem-estar ou mal-estar e o aplica, com bastante precisão, na interpretação do destino humano.

As residências dos planetas

As casas ou residências dos planetas, de que estamos falando, têm como referência os signos do zodíaco. O Sol, que é o grande rei dessa família, marca o signo regente de cada um de nós, conforme a casa que estiver visitando no dia do nosso nascimento. Assim, em cada ano, no mês de nosso aniversário, o Sol estará transitando na casa do nosso signo, ou seja, no nosso domicílio solar.

Os signos do zodíaco não são materiais; eles existem psicologicamente. Podemos representá-los como setores de um círculo, cada setor com 30 graus. O Sol percorre 1 grau por dia, logo, em 30 dias terá transitado em um signo. Sendo 12 os signos do zodíaco, é fácil verificar que $12 \times 30° = 360°$, ou seja, em um ano exatamente, o Sol percorrerá os 12 signos, completando o círculo.

Os signos do zodíaco não correspondem às constelações, e a divisão em 12 signos iguais não é totalmente astronômica.

As estrelas, muito distantes, são consideradas fixas, embora não o sejam. O agrupamento das estrelas visíveis em constelações é uma maneira romântica de nos ligarmos ao Cosmos e à história da humanidade. Existem outras constelações que não fazem parte do zodíaco, pois não se encontram no caminho do rei peregrino (o Sol).

O zodíaco é também o relato das mudanças

climáticas no hemisfério Norte e o retrato do corpo humano.

Áries, Touro e Gêmeos

Áries ♈

O zodíaco começa em Áries. O primeiro signo do zodíaco, domicílio de Marte, é masculino e cardeal, marcando o início de uma estação. Áries é um signo de fogo, e por isso os nascidos entre 21 de março e 20 de abril são pessoas "fogosas" e impetuosas. É a primavera (hemisfério Norte), no corpo, simbolizando a cabeça e a infância das pessoas. Aliás, a palavra horóscopo quer dizer ponto inicial, que, como veremos depois, se chama também ascendente, e marca o rosto e a infância das pessoas.

Touro ♉

Touro é o signo seguinte. O Sol o visita entre 21 de abril e 20 de maio, domicílio de Vênus. Signo de terra, feminino e fixo.

Signo fixo é o que sucede a um cardeal, quando o comportamento da estação é claro e constante (fixo). Touro imprime ao Sol uma conduta estável e, por ser um signo do elemento terra, propicia

O que é Astrologia

cautela e perseverança. No corpo humano, simboliza a boca e o pescoço. Representa a alimentação e, por conseqüência, também a capacidade econômica. Tudo isso será interpretado com maiores detalhes ao elaborarmos o mapa celeste de um nascimento.

Gêmeos ♊

Signo do ar e domicílio de Mercúrio. O Sol o visita de 21 de maio a 20 de junho. É duplo e masculino.

Por ser elemento de ar, o geminiano se transporta, se comunica facilmente.

Gêmeos simboliza os braços, as orelhas, os pulmões e representa os irmãos, parentes e familiares. Por ser duplo, ele imprime ao geminiano o desejo de possuir as coisas em dobro.

As efemérides

Já sabemos, portanto, que os planetas Marte, Vênus e Mercúrio são os senhores dos três primeiros signos do zodíaco.

Para conhecer a posição dos planetas, existem tabelas que se chamam efemérides. Seu uso na antigüidade era muito importante, permitindo a navegação noturna através da observação da posição dos planetas. Os astrólogos, evidentemente, também faziam uso delas.

As primeiras efemérides que conhecemos foram publicadas por ordem de Dom Afonso X, o Sábio, rei de Castela e Leão de 1252 a 1284.

Kepler, 400 anos após, vivia da publicação dessas efemérides que, em essência, permanecem atuais ainda hoje. Kepler era mais astrônomo do que astrólogo, assim preferiu vender os cálculos para quem os quisesse utilizar. Ele calculava a posição da Lua com precisão de 1 minuto de arco. Hoje, com todos os recursos da moderna tecnologia, a precisão desses cálculos não foi melhorada.

O príncipe de Wüttemberg (Wallenstein), chefe militar alemão, na guerra dos 30 anos, de 1618 a 1648, sempre utilizava os cálculos de Kepler, pois jamais iniciava suas campanhas militares sem conhecer previamente a posição do deus Marte.

Kepler estudou a fundo a órbita de Marte, baseando-se nesses estudos para enunciar seus princípios.

Voltando ao nosso estudo, vamos supor que desejamos saber onde se achavam os três planetas de que falamos antes em um dia qualquer, digamos, o dia 5 de maio de 1947. Para isto consultamos as efemérides e anotamos:

Vênus ♀ em ♈ Áries

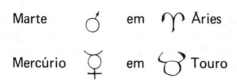

Deixamos de anotar os graus, pois ainda não aprendemos a angular.

Cabe interpretar agora os fatos emocionais que o posicionamento desses planetas poderia produzir. Vênus, Senhor de Touro, em Áries. Vênus é Senhor de 2º signo e também símbolo de aquisição no amor. Detesta estar na casa de Marte, tão enérgico, afiado, anguloso. Vênus, que não é impetuoso e tem linhas suaves, no elemento fogo fará com que o amor seja intenso, mas pouco feliz, pois vai adquirir a instabilidade e os excessos marcianos. Se tem urgência em começar, não se interessa em chegar ao fim, não permanece.

Haverá ferimentos na boca (Touro), provocados por ♂ (Marte). Isto vai refletir no signo, na casa onde ele é dono. Vênus em sofrimento vai dificultar os ganhos, sobretudo no amor, e sobrará cinzas, as cinzas do fogo.

Marte na sua própria casa, em Áries, significa a insolência resoluta, a atividade incansável, a força.

Possivelmente reflexos vermelhos nos cabelos. Prazer no uso da força muscular.

Mercúrio em Touro representa o intelecto, a mente, o pensamento concreto que, em Touro, ficará algo lento, cauteloso, por causa do elemento Terra. Mas o que perde em velocidade, ganha em eficiência. Mercúrio é adaptável, não se sente mal em nenhum signo (salvo Sagitário), e se estivesse em Áries iria adquirir a rapidez e a violência do fogo; como nesse caso está em Touro, apresenta a suavidade venusiana.

O 2º quadrante: Câncer, Leão e Virgem

Vamos continuar a nossa viagem pelo zodíaco, onde estão presentes os seguintes signos:

Câncer ♋

Leão ♌

Virgem ♍

Câncer

O signo de Câncer (♋) é feminino, do elemento água, e seu Senhor é a Lua. Signo cardeal, simboliza o lar, e no corpo humano representa o estômago.

A Lua percorre o céu rapidamente; dez vezes mais rápida que o Sol. A Lua é cambiante e sonhadora; sempre se encontra em outro lugar e com outro tamanho. Rege a vida, é o início das coisas. Os cancerianos (nascidos entre 21 de junho e 21 de julho) são instáveis, gostam do lar e como todos os nascidos em signo de água, são mudos, ou seja, sabem guardar segredos e não falar quando não devem.

Leão ♌

O 5º signo visitado pelo Sol, entre 22 de julho e 22 de agosto. Regido pelo Sol, Leão é masculino, do fogo e fixo. É o signo da alegria, das festas, dos filhos e das obras.

É autoritário, amante do bom-viver e estável. No corpo humano representa o sistema cardiovascular.

Virgem ♍

O 6º signo é feminino da terra e sucedente. No corpo humano governa os intestinos e a saúde em geral. Signo do emprego e dos empregados, é governado por Mercúrio.

Representa também a criança, e por isso os virginianos (nascidos entre 23 de agosto e 22 de setembro) conservam o rosto mais jovem do que as outras pessoas.

Vamos novamente praticar o que já aprendemos escolhendo arbitrariamente uma data e examinando os efeitos dos planetas sobre os domicílios do 2º quadrante.

Tomemos o dia 1º de agosto de 1997, e anotamos:

Sol ⊙ em ♌ Leão

Lua ☽ em ♋ Câncer

Mercúrio ☿ em ♍ Virgem

Desta vez a data de prospecção se encontra em nosso futuro, e desde já sabemos onde estarão os nossos peregrinos.

É bom lembrar que nem os astros têm liberdade de fazer tudo que querem.

Interpretação: o Sol e a Lua (luminárias) e Mercúrio estão em domicílio. Esse ótimo aspecto exalta as virtudes de cada um dos respectivos signos.

O 3º quadrante: Libra, Escorpião e Sagitário

Já temos conhecimento de seis signos e cinco planetas. Desde já podemos antecipar que os planetas estão em exílio ou mal aspectados, quando se encontram no signo oposto ao respectivo domicílio, trazendo efeitos negativos tanto para um como para outro.

Libra ♎

O 7º signo é visitado pelo Sol entre 23 de setembro e 22 de outubro, é cardeal, do ar, masculino. Domicílio de Vênus, exerce autoridade sobre as leis, os contratos de longa duração (inclusive casamento). Confere sensibilidade para a beleza, mas também para a luta, e não raro os grandes generais são de Libra. Estando em frente ao primeiro signo, Libra se refere ao relacionamento com o "tu".

Escorpião ♏

O 8º signo é vistado pelo Sol no período de 23 de outubro a 21 de novembro. É feminino, fixo, de água, domicílio possível de Plutão, tradicionalmente Marte. Simboliza os órgãos genitais e a morte, assim como a resistência e a capacidade de lutar por seus objetivos, sem esmorecer.

Sagitário ♐

O 9º signo é visitado pelo Sol entre 22 de novembro e 21 de dezembro. É domicílio de Júpiter, masculino, do elemento fogo, sucedente e duplo. Simboliza as pernas até os joelhos, as viagens longas e tudo que for estrangeiro. Também representa as religiões. Com ele encerra-se a trindade de fogo.

Voltemos ao exercício, como das vezes anteriores, imaginando uma data onde esses planetas poderiam encontrar-se nos signos recém-estudados.

Consideremos a data de 1º de dezembro de 1910, onde anotamos:

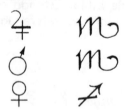

Não iremos colocar a posição de Plutão, pois nesse dia ele se encontrava em Gêmeos.

Júpiter, chamado de o grande benéfico, em Escorpião, signo da água e genital, perde muito de sua autoconfiança. Deixa a pessoa desconfiada, mas adquire a força de vontade do signo.

Marte em domicílio produz um enorme potencial e até o exagero no campo das emoções.

O que é Astrologia

Vênus, Senhor do 7º signo (Libra), chamado de pequena fortuna, está em Sagitário, que incentiva as viagens e as mudanças de residências. Sagitário produz a mesma atitude em Vênus, que prefere não se amarrar para ser sagitariamente livre. Porém amar sim, ardorosamente, pois se encontra em signo de fogo.

O 4º quadrante: Capricórnio, Aquário e Peixes

Capricórnio ♑

De 22 de dezembro a 20 de janeiro o Sol se encontra em Capricórnio, signo cardeal, da terra e feminino. Perseverança, lentidão e insegurança são características deste signo. É domicílio de Saturno, regendo, no corpo, os joelhos.

Na vida rege as profissões independentes. Caso o indivíduo seja empregado, é ambicioso e sempre visando a promoção. De um modo geral os capricornianos são autocontidos, e, como muito dos seus interesses se voltam para a carreira e o prestígio, às vezes ignoram o lado mais humano da vida. Seu senso de disciplina e finalidade também dificultam realizações relacionadas com a intuição e a criatividade. É o 10º signo.

Aquário 〰

De 21 de janeiro a 19 de fevereiro o Sol se encontra em Aquário. Tem como regente Urano (tradicionalmente Saturno). Signo fixo, do ar e masculino. Gosta de novidades e ama a liberdade pessoal. É o 11º signo, científico por excelência, sobretudo na miniaturização e na eletrônica.

Peixes ♓

De 20 de fevereiro a 20 de março o Sol se encontra em Peixes. É o 12º signo, último do zodíaco. Tem Júpiter e Netuno em seu domicílio. É feminino, sucedente, da água e duplo.

Tem governado a era atual, que começou com o advento do Cristianismo. Note-se que os bispos usam como chapéu a cabeça de peixe.

A sua tônica principal é a comiseração no sofrimento dos outros, em especial as pessoas idosas e as crianças. Peixes governa os pés; quando estes são afetados, o bem-estar geral dos picianos parece ressentir-se.

O ASCENDENTE

Vamos agora enriquecer o nosso jogo, introduzindo a noção de *ascendente*. Assim como seu signo solar (Áries, Touro etc.) é fixado pela data de nascimento, o seu ascendente é determinado pela hora em que você nasceu.

Em Astrologia o momento do seu nascimento é como uma reprodução, em miniatura, das influências astrológicas que serão exercidas sobre você durante toda a sua vida. Ao fixar o seu ascendente, o astrólogo terá em suas mãos a sua carta ou mapa astrológico, podendo assim iniciar a prospecção do seu destino pelo estudo do movimento dos astros sobre esse mapa.

Assim como o ano astrológico, que se inicia em Áries, tem 12 signos, um para cada 30 dias aproximadamente, o dia tem 12 casas, cada uma correspondente a um signo. Como um dia tem 24 horas, a cada duas horas o Sol irá transitar em um signo. Ao amanhecer do dia 21 de março, 6:00 h da manhã, aproximadamente, o Sol estará em Áries; às 8:00 h, em Touro às 10:00 h, em Gêmeos e assim por diante, até Peixes, às 4:00 h da manhã do dia seguinte. Esse horário é um exemplo aproximativo, pois o nascer do Sol varia conforme a época do ano e latitude.

Domificação

Já vimos que um dia tem 12 casas astrológicas, cada uma correspondendo a um signo que muda a cada duas horas. Portanto, no período de um dia (24 horas) cada casa astrológica receberá os doze signos, sucessivamente. A primeira casa é sempre a casa do ascendente.

Se, por exemplo, você nasceu em 21 de março, às 13 horas, aproximadamente, seu ascendente está em Câncer, ou seja, a primeira casa do seu horóscopo é Câncer. A data indica o lugar do Sol no zodíaco.

A hora do fato determina a primeira casa, Figura 4 (ascendente) a contar pela posição do Sol.

Ao determinar a primeira casa (ascendente) pela hora do nascimento, o astrólogo fixará automaticamente as demais casas astrológicas, sempre no sentido anti-horário.

A esse procedimento dá-se o nome de *domifi-*

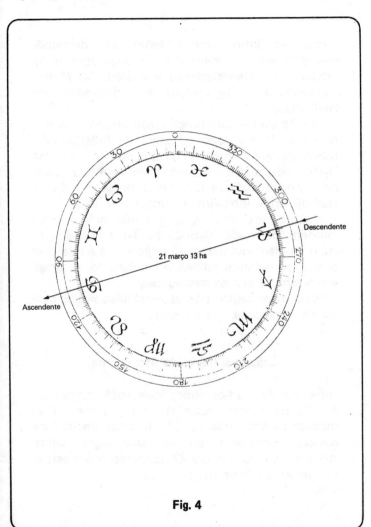

Fig. 4

cação (do latim *domus*, casa). Ela pressupõe conhecimentos matemáticos já avançados e foi proposta no Renascimento por Johannes Müller, cognominado Regiomontanus, professor em Heidelberg.

O método de domificação mais antigo de que se tem notícia em nossa cultura é de Albaltegonius (890-929 a.D.) cujo nome era Mohammed Hen Djabir. Seu método é muito semelhante ao criado pelo monge Matheus Campanus, no século XIII, e até hoje preferido pelos astrólogos europeus.

Quanto aos americanos, a preferência é pelos métodos do frade Placidus de Titus (1608 a.D.) ou o de Regiomontanus. O importante é que com qualquer metodologia usada no cálculo o ascendente sempre fica no mesmo lugar.

Hoje, com tantas tabelas e calculadoras, é bem mais fácil calcular o ascendente.

Cálculo sumário do Ascendente

Repetindo: vamos supor que você nasceu no dia 22 de março; nesse dia o Sol (☉) se encontrava em Áries (♈), onde entrara na véspera. Considerando que cada signo cobre 30° do zodíaco, no dia 22 de março o Sol estava a 1° (grau) de Áries:

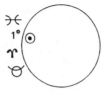

Fig. 5

Para calcular o ascendente, no entanto, sabemos que é necessário conhecer a hora do nascimento. Se você nasceu no dia 22 de março às 6 horas da manhã, o seu ascendente é Áries, ou seja, o seu próprio signo solar. Digamos assim que o Sol e o ascendente estão em conjunção:

☌ Este é o sinal que representa conjunção.

☉ ☌ ASC

Vejamos isso graficamente:

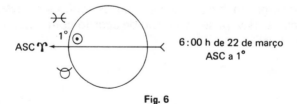

Fig. 6

Se você tivesse nascido no mesmo dia 22 de março, mas às 18 horas, o seu ascendente ficaria assim:

![Fig. 7 diagram]

Fig. 7

As Figuras 6 e 7 mostram a diferença de colocação do ascendente, que, transcorridas 12 horas, se encontra a 180° da posição inicial:

$$12 \text{ h} = 6 \text{ signos} = 180°$$

Portanto, a cada duas horas a partir das 6 horas da manhã, a linha do ascendente muda de signo, correspondendo cada mudança de signo a 30° contados do ponto em que se encontra o Sol.

Há anos em que o horário local "de verão" diverge do horário sideral ou astronômico; nesses casos, deverá ser acertado de acordo com o horário sideral.

O que é Astrologia

O SIGNO ASCENDENTE

Latitude Sul		5 graus	10 graus	15 graus	20 graus	25 graus	30 graus
ÁRIES	das	6:00	6:00	6:00	6:00	6:00	6:00
	às	7:59	8:04	8:09	8:14	8:19	8:24
TOURO	das	8:00	8:05	8:10	8:15	8:20	8:25
	às	9:59	10:09	10:19	10:29	10:39	10:49
GÉMEOS	das	10:00	10:00	10:20	10:30	10:40	10:50
	às	12:19	12:29	12:39	12:49	12:59	13:09
CÂNCER	das	12:20	12:30	12:40	12:50	13:00	13:10
	às	13:39	13:54	14:09	14:24	14:39	14:54
LEÃO	das	13:40	13:55	14:10	14:25	14:40	14:55
	às	15:39	15:49	15:59	16:09	16:19	16:29
VIRGEM	das	15:40	15:50	16:00	16:10	16:20	16:30
	às	17:59	17:59	17:59	17:59	17:59	17:59
LIBRA	das	18:00	18:00	18:00	18:00	18:00	18:00
	às	20:19	20:09	19:59	19:49	19:39	19:29
ESCORPIÃO	das	20:20	20:10	20:00	19:50	19:40	19:30
	às	22:19	22:04	21:49	21:34	21:19	21:04
SAGITÁRIO	das	22:20	22:05	21:50	21:35	21:20	21:05
	às	23:39	23:29	23:19	23:09	22:59	22:49
CAPRICÓRNIO	das	23:40	23:30	23:20	23:10	23:00	22:50
	às	01:59	01:49	01:39	01:29	01:19	01:09
AQUÁRIO	das	02:00	01:50	01:40	01:30	01:20	01:10
	às	03:59	03:54	03:49	03:49	03:39	03:34
PEIXES	das	04:00	03:55	03:50	03:45	03:40	03:35
	às	05:59	05:59	05:59	05:59	05:59	05:59
Cidades por latitudes aproximadas		Boa Vista Macapá Belém Teresina Fortaleza Manaus São Luís J. Pessoa Natal	Maceió Porto Velho Recife Rio Branco Aracajú	Brasília Cuiabá Goiânia Salvador	B. Horizonte Vitória	R. Janeiro São Paulo Curitiba Niterói	Florianópolis

Fig. 8 — *Tabela para domificação sem cálculos matemáticos.*

AS CASAS DO ZODÍACO

Apesar de no hemisfério Sul nós visualizarmos o zênite ao norte, a interpretação astrológica é válida para os dois hemisférios.

O ascendente nada mais é do que a linha do horizonte. Oposto ao *ascendente* (180°) está o *descendente*. A linha vertical que passa no centro da linha do horizonte marca para cima o *meio do céu* ou zênite, e para baixo o *nadir* ou *imum coeli*. Logo, a primeira casa ou *ascendente* permite imediatamente fixar as outras casas do zodíaco.

No cálculo da primeira casa (ascendente), assim como nas demais, há um pequeno erro devido às diferenças de latitude, sendo tanto maior o erro quanto mais afastado do equador se encontrar o local de nascimento da pessoa. Mais adiante indicaremos como evitar esse erro de cálculo.

Já sabemos calcular o *ascendente* (1ª casa) e

O que é Astrologia

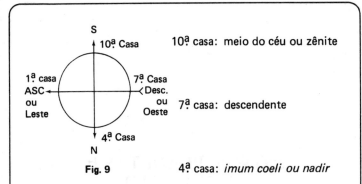

Fig. 9

- 10ª casa: meio do céu ou zênite
- 7ª casa: descendente
- 4ª casa: *imum coeli* ou nadir

determinar o descendente (7ª casa), o *imune coeli* (4ª casa) e o meio do céu (10ª casa). Para gravar melhor, façamos outro exercício:

Data de nascimento: 29 de junho (o ano não importa muito para este cálculo rápido).
Horário: 14:00 h
Local: Brasília (relativamente perto do equador — 15°S, tem menor margem de erro).
Vejamos o cálculo: 29 de junho significa oito dias após a entrada do Sol ☉ em Câncer ♋ , portanto o Sol está, aproximadamente, a 8° de Câncer. Das 6:00 h às 14:00 são 8 horas ou quatro signos, significando que o ascendente é o 4º signo a contar de Câncer, ou seja, Escorpião.

Calcule você mesmo a localização do descendente, do *imum coeli* e do meio do céu, sempre recordando que esses resultados são aproximados.

SIGNOS, PLANETAS E ANGULAÇÃO

A casa astrológica refere-se ao destino social da pessoa, e o signo ao corpo físico. Os Senhores dos signos (astros) atuam nas casas do tema astrológico, pela referência fixa do signo.

A vivência da casa se faz pelo signo, e a vivência do signo se faz por ele próprio e pelo planeta seu Senhor. A interpretação da casa, portanto, depende do signo correspondente e do planeta Senhor desse signo. A primeira casa está ligada intimamente com Áries, a segunda com Touro e assim sucessivamente até a 12ª, com Peixes.

Esse jogo de semelhanças e dessemelhanças se compõe de fatos coletivos — signos — e de fatos particulares — casas. A casa recebe sempre a influência do planeta, mesmo que este não se encontre dentro dela. Essas influências provêm tanto do planeta Senhor do signo, estando ou não em sua própria casa, como dos demais planetas. Estes últimos influem nas casas astrológicas através de *angulação*, formando bons ou maus aspectos.

Vejamos então o que é *angulação*.

O ângulo representa a distância entre dois planetas, e para conhecê-lo precisamos saber o local exato onde se encontra o planeta no signo. Para isso consulta-se as *efemérides*, que se acham nas livrarias próprias.

Há ângulos benéficos, como 60° e 120°, que emprestam aspectos benéficos à casa e ao signo de domicílio.

Fig. 10

Outros ângulos dificultam a vida emocional, como 90° e 180°, trazendo problemas, mas também energia renovada e força para vencer.

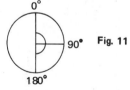

Fig. 11

Existem ainda outros ângulos significativos, como o ângulo zero, da conjunção, que já mencionamos.

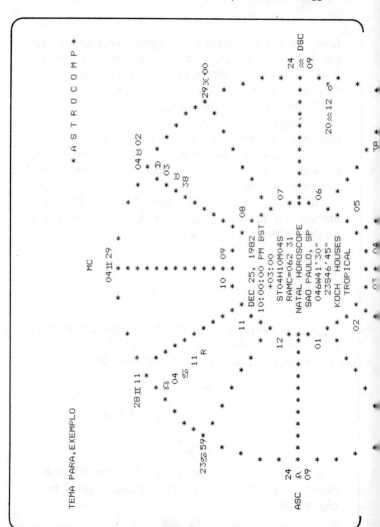

```
                 *     29 ♏ *                  *                 02*    03         *
                    *  ♇  02 *                 *                 ♐ *     ☉     *
                       *  ♄  *               59*36                27*        *
   CARD FIX MUT           *                   ♐*♐                 ♆   *              S
FIRE  0   0   2      04♏02 *                 29*06                  * 28♐11        1 ! 1
EARTH 3   1   0                 *             ♃*♅              *                 E---+---W
AIR   1   1   0                       *         *            *                      3 ! 6
WATER 0   2   0                              04♐29                                    N
                                                                                 MOON IS FAST
TEMA PARA,EXEMP                                IC                                2ND QUARTER
---------------------------------------------------------------------------------------------
!PLANETS!ABREV!PLACE  !R!DECL.  !ELEM.!+/-!TRIP!HOUSES!DIGNI!!ABREV!ZODIAC SIGNS!
!-------+-----+-------+-+-------+-----+---+----+------+-----!!-----+-------------!
!MOON   ! ☽  MO!03TA38! !+08 22!EARTH!NEG!FIX !SUC  8!EXALT!!♈  AR!ARIES        !
!SUN    ! ☉  SU!03CP55! !-23 23!EARTH!NEG!CARD!SUC  5!     !!♉  TA!TAURUS       !
!MERCURY! ☿  ME!22CP38! !-23 23!EARTH!NEG!CARD!SUC  5!     !!♊  GE!GEMINI       !
!VENUS  ! ♀  VE!16CP34! !-23 30!EARTH!NEG!CARD!SUC  5!     !!♋  CN!CANCER       !
!MARS   ! ♂  MA!12AQ20! !-18 15!AIR  !POS!FIX !CAD  6!     !!♌  LE!LEO          !
!JUPITER! ♃  JU!29SC59! !-19 21!WATER!NEG!FIX !CAD  3!     !!♍  VI!VIRGO        !
!SATURN ! ♄  SA!02SC28! !-10 06!WATER!NEG!FIX !SUC  2!     !!♎  LI!LIBRA        !
!URANUS ! ♅  UR!06SA36! !-21 18!FIRE !POS!MUT !ANG  4!     !!♏  SC!SCORPIO      !
!NEPTUNE! ♆  NE!27SA02! !-22 12!FIRE !POS!MUT !ANG  4!     !!♐  SA!SAGITTARIUS  !
!PLUTO  ! ♇  PL!29LI07! !+04 34!AIR  !POS!CARD!SUC  2!FALL !!♑  CP!CAPRICORN    !
!NODE M.! ☊  NO!04CN11! !+23 23!---------------------------!!♒  AQ!AQUARIUS     !
!MIDHEAV!    MC!04GE29! !+21 02!  PART OF FORTUNE= 23SA51  !!♓  PI!PISCES       !
!ASCENDA!    AS!24LE09! !+13 28!  EQUAT ASC. (EP)= 00VI27  !!  MATRIX           !
!VERTEX !    VT!14PI57! !-05 56!  SU/MO ANGLE= 119 42'28'' !!  SOFTWARE   (C)   !
---------------------------------------------------------------------------------------------
```

Fig. 12 – *O horóscopo desenhado pelo computador.*

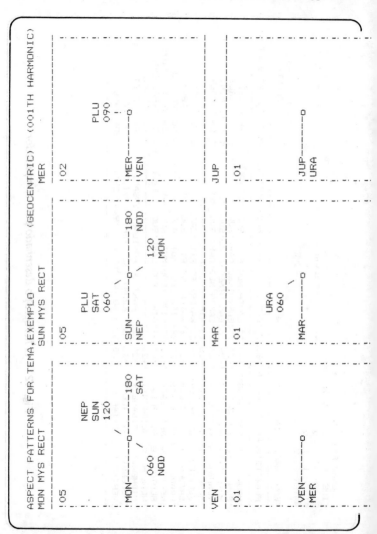

O que é Astrologia 55

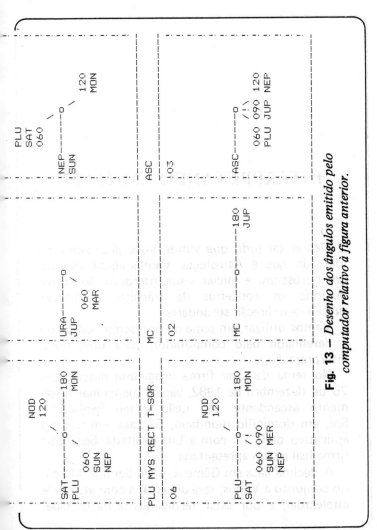

Fig. 13 – *Desenho dos ângulos emitido pelo computador relativo à figura anterior.*

INTERPRETANDO UM TEMA

Depois de tudo que vimos, você já possui uma idéia do que é Astrologia. Vamos agora levantar um horóscopo e iniciar a sua interpretação, introduzindo os conceitos de trânsito, progressão simbólica e direção secundária.

Vamos utilizar um tema ou horóscopo calculado e desenhado pelo computador, para uma mini-interpretação.

No tema de uma firma imaginária nascida em 25 de dezembro de 1982, vamos mencionar novamente: ascendente 24° Leão e seu Senhor, o Sol, em domicílio mundano, 5ª casa, em trígono aplicativo de 0°17′ com a Lua exaltada. Será uma firma leal e bem apresentada.

A décima casa em Gêmeos, e seu Senhor, Mercúrio conjunto a Vênus; será uma firma com atividade intelectual, e por estar tecnicamente na 6ª casa, com atividade médica e paramédica. Dessa maneira, o que se poderia dizer sobre essa firma poderíamos dizer de uma pessoa nascida nesse momento.

Trânsito

É a interpretação do efeito de um planeta em trânsito, numa data futura, sobre uma casa ou planeta do tema inicial, chamado radical.

Por exemplo: no Natal de 1983, no tema do exemplo, Júpiter vai estar a 25° de Sagitário, oferecendo um trígono 120° ao ascendente, a personalidade se expandindo.

Progressão simbólica

No lugar de consultar as efemérides, progredimos um planeta ou o Sol um grau por ano a partir do tema radical, e interpretamos. A firma vai ter o Sol em conjunção com o descendente 50 anos após (por este método), os seus sócios irão desentender-se, porque entre o Sol radical e a 7a casa há uma distância de 50°.

Direção secundária. Esse método iguala um dia a um ano assim, podemos verificar a posição da Lua, pelas efemérides, 50 dias = 50 anos. Continuando com o exemplo do tema da firma pesquisando as direções secundárias, que em 4 de fevereiro de 1983, a Lua estando a 15° Scorpio vai provocar, pelo sêxtil aplicativo na 6ª casa, uma melhoria da condição dos empregados.

A direção secundária é mais útil e fácil com a Lua, porque ela se movimenta muito rapidamente, mas é aplicável para todo o sistema astrológico. Existem também direções primárias além das mencionadas agora, as secundárias.

PREVENDO O FUTURO

Nos últimos anos temos ouvido inúmeros comentários sobre a destruição da Terra, inclusive com a fixação de datas precisas.

Haveria a inundação parcial dos continentes pelos oceanos, cujo nível aumentaria em 634 metros. Nem um metro a menos!

Infelizes os que ousam declarar essas coisas e mais ainda os que nelas acreditam.

Existe uma previsão, mas ela não é tão precisa nem tão devastadora. Para as grandes previsões mundiais, utiliza-se uma Astrologia hebréia ou caldéia, pois os primeiros a receberam dos segundos.

Através deste interessante método de prospecção, teremos durante 36 anos, ou seja, até o ano 2017, o Sol em Peixes, como antes esteve a Lua em Aquário durante o mesmo número de anos. Aquário é o signo da ciência e do militarismo, enquanto Peixes, um signo de água, influirá negativamente sobre a economia mundial e trará excesso de chuvas, porém não haverá perigo de guerra nuclear total.

Até o ano 2017 haverá, sim, guerras localizadas, e os poderosos perderão seu orgulho excessivo, assoberbados pela crise econômica.

A partir de 2017, porém, virão anos de ouro para a humanidade. No primeiro ciclo (36 anos) governará Saturno em Áries e, no segundo, Vênus em Touro.

Além dessas previsões de miniciclos, existem outras, que não explicaremos aqui, cujos ciclos são contados em milhares de anos.

Ao lado delas, há a Astrologia que nós expusemos, útil na prospecção de uma vida.

O tema que nós vamos resumidamente interpretar representa uma pesquisa parcial das emoções da nação brasileira para o ano astrológico que nasce em 21 de março de 1983. Tema astrológico para 1983, Brasil.

O ascendente se encontra a 24° de ♑ (Capricórnio) e seu Senhor, ♄ (Saturno), a 3° ♏ (Escorpião) na 10ª casa.

Interpretação: o ascendente representa o povo, a 10ª casa representa as autoridades constituídas. As autoridades estão preocupadas com o povo, mas ambos permanecerão em seus respectivos lugares, conforme os desígnios. Há um aspecto desfavorável representado pela oposição que Vênus, em Touro, faz a Saturno, Senhor do ascendente. Este mau aspecto na 4ª casa simboliza um conflito de origem mais remota, com sofrimento para o povo e problemas para os governantes.

O ascendente poderá diminuir os males para a nação, mas este será um ano de poucas esperanças. Reinará a insegurança, exigindo de todos muita paciência.

A 2ª casa, dos bens materiais, se acha a 20° de Aquário, e seu Senhor em Sagitário em conjunção com Júpiter faz meio quadrado com o ascendente. Júpiter sempre aumenta, e no caso aumenta negativamente, o valor do dinheiro. Porém ⊢⊦ (Urano) se encontra na 11ª casa, significando ajuda de amigos, ajuda financeira. Como o aspecto negativo se produz sobre o ascendente, que simboliza o povo, este vai ter problemas de falta de dinheiro.

Na 3ª casa, a dos parentes, se encontra o Sol, fazendo um quadrado (90°) com Netuno na 12ª. Isso significa briga ou desentendimento com nação amiga e por motivos secretos.

Estes breves comentários, que de forma alguma pretendem esgotar o estudo, dão uma idéia ao leitor de como um tema pode ser interpretado.

É evidente a utilidade de um sistema que permite inquirir de algum modo o futuro, tanto das nações como das pessoas e de tudo que tenha início e fim.

Ao resumir drasticamente os comentários, por impossibilidade técnica de entrar em minúcias, cremos entretanto ter despertado no leitor o desejo de aumentar seu conhecimento de Astrologia. Isso o levará, sem dúvida, a pesquisar outros autores e assim se informar cada vez mais sobre este vasto universo do conhecimento.

A ASTROLOGIA NA DEFINIÇÃO DAS ESCOLHAS

Dentro dos inúmeros usos práticos da Astrologia me parece de extrema importância o que se pode alcançar nos atos de escolha. Penso que nenhuma outra ciência que não seja a Astrologia possibilite predizer com razoável margem qual o efeito da escolha matrimonial, empregador, médico para uma determinada cirurgia maior, e assim sucessivamente.

O método utilizado é relativamente complexo, trata-se de uma técnica denominada "data média". Agora não vamos explicá-la. É suficiente saber da sua existência, mas considero importante insistir no uso da Astrologia para as escolhas, pois são as nossas escolhas que fazem o nosso destino. Um conflito numa determinada área do meu horóscopo vai levar-me a escolher nessa área um agente que virtualize o meu conflito. Pela Astrologia eu posso saber antecipadamente do efeito *a posteriori* da minha escolha.

Eu considero que a única maneira de prever o efeito das escolhas é pela Astrologia. Ou posso, pelas suas definições, assumir com consciência os riscos além das vantagens. Isso permite diminuir a tendência projetiva de culpar os Deuses, pelo que nos acontece, quando efetivamente os fatos foram na maioria das vezes, conseqüência das nossas escolhas.

A nossa falta de liberdade consiste sobretudo em que nós gostamos do que escolhemos e não do que deveríamos escolher para alcançar a felicidade que procuramos. Isso é exatamente *ananké*, o destino.

A escolha e a pré-escolha com conhecimento são sempre reparadoras e suaves. Considero difícil entender o motivo cultural que levou a negar esse tipo de pesquisa. É óbvio que mesmo com o auxílio das pesquisas astrológicas, ainda haverá divórcios, perda de empregos e assim por diante, porém em menor número.

QUANDO COMEÇARÁ
A ERA DE AQUÁRIO?

O Sol atrasa o ponto da primavera em 51 segundos por ano. Assim, em cada 2 500 anos, a primavera se inicia em outro signo. Esse fenômeno explica a regência de um signo para cada época. O difícil é saber com certeza quando será o início da nova era.

A divisão em 12 signos é do antigo Egito, e 4 000 anos após Ptolomeu descreveu 48 constelações no seu livro *Almagesto*. A base do seu trabalho foi um compromisso técnico, entre tantas variáveis, decidido no ano de 1780 a.C. Em 1928 a Sociedade Astronômica Internacional decidiu reconhecer 88 constelações, porém sem indicar exatamente onde se inicia Áries, centro desse sistema. As variações permitem que cada autor indique outra data para o início da era de

Aquário.

Conforme a American Federation of Astrologers: D. Davison diz que se iniciou em 1844; G. Massey, que foi em 1905; P. Concel diz que será no ano de 2160 e Cyril Fagan, que será em 2369.

Pessoalmente, acho que o ano de 1844 deve ser o mais certo, pois a estrela Castor marca, atualmente, o solstício de inverno a 0° de Gêmeos e em 4699 a.C., ela marcava o solstício de verão.

E, afinal, as mudanças incríveis que vêm acontecendo há 100 anos, na tecnologia, na massificação da população, na verticalização e destruição do meio ambiente e por fim na coloração da população, tudo isso bem aquariano, como é a roupa *unisex*. Tradicionalmente considera-se que Saturno tem domicílio em Aquário, mas eu penso que Urano é o Regente. A influência desses dois planetas provoca um escurecimento, em relação à pele e aos cabelos da população.

É Urano, Senhor de Aquário, que rege os céus e a Astrologia, que sob sua égide voltou a florescer.

BREVE EPÍLOGO

E assim, amigo leitor, nós dois — você e eu — chegamos ao final desta pequena caminhada que se iniciou quando você perguntou:

— O que é Astrologia?

Agora, você já sabe que ela interpreta a vontade do "Criador de todas as coisas", e por intermédio dela poderemos tentar entender uma parte dos seus desígnios. Sabe, também, que o Universo é uno e que é essa unidade que permite interpretar o fato astrológico, e não que as estrelas emitam influências.

Penso que comigo você sentiu a emoção de se informar sobre a mais antiga ciência humana e, ainda, com maior emoção, pensar que após 25 000 anos ela ainda existirá.

SOBRE O AUTOR

Nasceu em Buenos Aires, de família suíça originária de Niederbipp, cantão de Berna.

Com 18 anos foi para a Suíça e completou seus estudos em Zurique, se diplomando em Psicologia pelo Institut für Angewandte Psychologie, na época centro da Psicologia mundial. Teve o evidente impacto da proximidade dos grandes mestres, como Carl G. Jung, Kraepelin, Boss, Bohm, Pfister, Schneider e ainda Szondi, criador da "Psicologia do Destino", cuja corrente liderou em São Paulo.

Exerceu a psicologia clínica, ou seja, era psicoterapeuta. Paralelamente, foi um dos fundadores da Associação Brasileira de

Astrologia e seu presidente por vários anos. Presidiu o primeiro Congresso Brasileiro de Astrologia.

Teve o grande prazer de ministrar o primeiro curso de astrologia na Pontifícia Universidade Católica de São Paulo.

Não era astrólogo profissional, mas estudou Astrologia por 42 anos e a utilizou com finalidade clínica quando julgou necessário.

Foi casado com Léa Maria Pileggi Müller, com quem escreveu este livro. A participação dela contribuiu para que o livro se tornasse mais acessível aos leitores.

Léa Maria, que exerceu a Odontopediatria clínica por 39 anos em São Paulo, se iniciou em Astrologia por intermédio de Juan Alfredo.

É admiradora e leitora assídua de Stephen Arroyo (psicólogo-astrólogo da Califórnia, EUA) e adora olhar para o céu, identificando os planetas e interpretando os efeitos que produzem no momento da observação.

Juan Alfredo César Müller faleceu em 1º de julho de 1990

Impressão:

Com filmes fornecidos